# LE PARTI ROUGE

## LE BLANC ET LE NOIR

### EN FRANCE ET EN ITALIE

PAR

## GUSTAVE NAQUET

Ancien Rédacteur de la *Réforme*, du *Peuple Souverain*, etc.

PRIX : 60 CENTIMES

PARIS

POULET - MALASSIS ET DE BROISE

LIBRAIRES-ÉDITEURS

97, rue Richelieu et passage Mirès.

1861

# LE PARTI ROUGE

## LE BLANC ET LE NOIR

### EN FRANCE ET EN ITALIE

---

## I

### Le Parti rouge

Le spectre rouge, que l'on croyait généralement enterré sous la même pierre que l'ancien préfet aux hannetons, a reparu. Le télégraphe menteur a signalé sa résurrection, et les journaux blancs et noirs ont brodé, sur ce thème rajeuni, des homélies venimeuses.

Voyons donc quel est le parti que l'on nomme le parti rouge, et voyons en quoi il diffère du parti noir et du parti blanc.

Si nous interrogeons la polémique de 1848, le parti rouge veut dire le parti socialiste, c'est-à-dire celui qui, au dire de ses détracteurs, ne voulait rien moins que l'abolition de la religion, de la famille et de la propriété.

Mais cette définition était une arme de guerre qu'il faut reléguer au Musée d'Artillerie avec les arquebuses à mèches et les fusils à silex. L'emploi en serait à la fois inoffensif et puéril.

Tout le monde sait bien aujourd'hui que le socialisme n'a jamais été un parti. C'était un nom générique, englobant, pour les besoins d'une guerre plus vieille que la guerre de succession, cinq ou six doctrines différentes, opposées dans leurs principes et dans leur mode d'application, renfermant en germe quelques idées utiles, mais ne présentant dans leur ensemble qu'une cacophonie de choses et de mots.

Le socialisme a été le jansénisme de notre temps. On a beaucoup bataillé sur le mot sans prendre la peine de s'accorder sur son véritable sens.

Il y a eu le socialisme démolisseur de Proudhon, cliquetis de paradoxes, fantaisie de sophiste, assemblage de critiques plus ou moins fondées, sans aucune formule claire ou intelligible, le grand-maître s'étant presque toujours tenu dans la négation sans pouvoir s'élever à l'affirmation.

Il y a eu le socialisme de Louis Blanc, celui de Pierre Leroux, celui de Fourrier, d'autres encore renouvelés des Grecs, en descendant jusqu'à celui de Cabet, bergerie innocente, plus proche des imaginations burlesques de Rabelais que de la doctrine de Babœuf.

De tout cela, qu'est-il resté? Rien, rien, rien, comme disait M. Desmousseaux à la Chambre, car les idées pratiques qu'on a pu en tirer se trouvaient déjà dans Saint-Simon et Jean-Jacques Rousseau.

Qu'est-ce donc enfin que le parti rouge, celui qui, disait-on, avait établi à Naples son quartier général?

C'est le parti républicain.

Le parti républicain n'est pas un être de fantaisie comme le socialisme. Il a des principes clairement définis, des traditions fort anciennes et un but déterminé.

Ce parti, après des succès partiels et éphémères en 1848, a été dispersé; mais les hommes qui le représentaient, confondant leur cause personnelle avec les principes, les traditions et le but du parti, ont accepté trop facilement le rôle de vaincus.

En revanche, les véritables vaincus de la grande lutte qui dure depuis soixante-dix ans se sont donné, à trop bon marché, des airs de vainqueurs.

Ce malentendu a duré trop longtemps, et il est opportun de le faire cesser par des explications sincères.

Sans remonter aux causes, sans vouloir ergoter sur les détails, et tout en faisant de larges réserves sur les procédés qui ont réussi, il faut reconnaître que la France ne s'est pas accoutumée, faute de temps ou d'inclination, aux institutions républicaines.

Mais, sous ces institutions, il y avait des idées qui, revêtant une forme différente, ne pouvaient être reniées par la France de la Révolution.

L'Empire est fondé sur ces principes, que l'on appelle les principes de 1789.

Assurément, le parti républicain voudrait tirer de ces principes des conséquences plus radicales que celles qui ressortent de la constitution de 1851. Il peut même y travailler ouvertement, sans que personne y trouve à redire, pourvu que ce soit à l'aide même des moyens que lui laisse cette constitution.

Il résulte donc de tout ce qui précède que le parti républicain n'est pas tout-à-fait un intrus en France, malgré le rétablissement de l'Empire. Le drapeau tricolore a été le sien dans ses grands jours de lutte et à l'époque de son triomphe trop facile, trop aveugle, si chèrement expié. Rien ne prouve que ce parti même en arborât un autre, s'il triomphait de nouveau.

Cependant on l'appelle le parti rouge ; mais la couleur n'y fait rien. C'est le parti de la Révolution, d'où la France nouvelle est sortie débarrassée de toutes les oppressions antérieures à 1789. C'est le même édifice que nos pères ont élevé de leurs mains glorieuses qui subsiste aujourd'hui. On en a changé les distributions ; voilà tout.

Nous verrons plus loin si ce parti occupe aujourd'hui la place à laquelle il a droit, s'il ne conviendrait pas de lui laisser des allures plus franches, et si même les partisans les plus sincères et les plus dévoués du régime impérial ne lui doivent pas plus de ménagements et d'égards qu'ils ne lui en témoignent aujourd'hui.

## II

## Le Parti blanc

On chercherait vainement des points de contact entre le parti blanc et la France qui date de 1789.

Le parti blanc a eu aussi, après ses grandes défaites de
1789 à 1815, ses jours de triomphe de 1815 à 1830. On
a pu le voir à l'œuvre. Il a eu ses excès, d'autant plus
odieux qu'ils n'avaient pas, comme ceux de la Révolution,
pour excuses les emportements de la lutte, les excitations
du sentiment national. Dans les temps les plus sanguinaires
de 1793, les hommes qui procédaient à de terribles exécu-
tions avaient devant eux les Chouans et les Vendéens, qui
livraient nos ports aux Anglais, les ennemis qui s'avan-
çaient au cœur de la France, les émigrés qui conspiraient
avec l'étranger.

La terreur blanche, au contraire, se pratiquait à froid,
dans l'enivrement d'un succès que les baionnettes de Blü-
cher et de Wellington avait fait si chèrement payer à la
France, en dispersant ses armées, en morcellant son terri-
toire, en démantelant ses frontières. Le parti blanc ne peut
pas se plaindre qu'on lui attribue une couleur de fantaisie.
Son drapeau est le drapeau blanc qui figurait, il est vrai,
avec honneur à Fontenoy, mais qui s'est aussi pour jamais
terni à l'armée de Condé, par son union avec les envahis-
seurs de la patrie.

Ce parti blanc prodigue chaque jour en toute liberté ses
outrages à la révolution. Il a sans doute la prudence de ne
reprocher à la révolution que ses entraînements, mais il con-
fond sans trop de réticences les œuvres durables et les excès passagers. Il parle souvent des massacres de septembre
et des noyades de Carrier, mais il maudit tout autant le
serment du jeu de Paume, la nuit du 4 août, l'abolition des
biens de main-morte, la confiscation des biens du clergé,
l'abolition du droit d'aînesse et des droits féodaux.

Pour ce parti, la France est depuis soixante-dix ans à l'état
d'insurrection permanente, sauf les quinze années pendant
lesquelles le drapeau blanc flottait aux Tuileries et sur la co-
lonne Vendôme.

Ses idées, on les connaît. Elles se résument en peu de
mots : rétablir, autant que possible, tous les droits, tous les
priviléges qui existaient en 1789 et qui ont été contestés d'a-
bord par un Tiers-Etat factieux, illégalement réuni dans la
salle du jeu de Paume, puis détruits par la révolution.

Quant à sa situation, la voici :

Pendant tout le règne de Louis-Philippe, le parti blanc a fait une opposition bruyante. Il était le partisan de toutes les libertés, et notamment de la liberté de la presse et de la liberté d'instruction. Il voulait l'extension des droits électoraux. Il se plaçait volontiers à la remorque du parti républicain.

Dans les premiers jours qui suivirent la révolution du 24 février, le parti blanc chanta victoire. N'avait-t-il pas contribué autant qu'il l'avait pu, au renversement du gouvernement de Juillet? Ses principaux membres firent insérer au *Moniteur* des listes d'adhésion au gouvernement provisoire. Mais quand ce gouvernement, au lieu de décerner à une assemblée de députés, le droit de donner à la France de nouvelles institutions, eut décrété la République, le parti blanc se tourna contre lui. Ce décret renversait en effet de fond en comble un plan longuement médité.

Quel que fût le mode d'élection adopté, le parti blanc espérait bien à l'aide de son influence et de son argent composer un parlement suivant ses vues. Il comptait un peu pour cela sur l'appui plus ou moins ostensible de la Russie, de l'Autriche et peut-être même du ministère anglais qui, alors était whig. Les gouvernements étrangers devaient être d'ailleurs très flattés de voir réparer la brèche faite, par la révolution de juillet, aux traités de 1815. Ils avaient comme un pressentiment que le drapeau tricolore finirait par leur jouer quelque mauvais tour.

La République décrétée et acclamée contrecarrait ces projets. Le parti blanc conçut le projet hardi de la noyer dans le sang avant qu'elle fût constituée, afin de reprendre l'exécution de son plan.

Telle fut l'origine des funestes journées de juin, dont le rapport de M. de Falloux alluma l'incendie par ses menaces insensées et ses provocations jésuitiques.

Cette combinaison n'eut pourtant pas tout le succès que le parti blanc s'en était promis. Les républicains avaient bien été vaincus d'un côté des barricades, mais ils avaient été vainqueurs de l'autre côté sous le commandement de Cavaignac. Le seul bon résultat de cette lutte fratricide pour le parti blanc fut de lui permettre de battre la République sur le dos du socialisme.

Après l'élection du 10 décembre pour la présidence, le parti blanc se posa encore en vainqueur, quoiqu'au fond il fût un peu inquiet et qu'il cherchât à prendre ses précautions.

Il eut peur du suffrage universel qui pourtant avait, dans son inexpérience, composé cette précieuse Assemblée qu'on nommait Législative, et où le parti blanc avait fait entrer pêle-mêle ses épaves et ses recrues depuis le père Ravez jusqu'au jeune Estancelin.

Le parti blanc voulut transformer le suffrage universel en suffrage restreint et sacrifier les villes trop libérales aux campagnes encore soumises à l'influence des gros propriétaires et des curés.

Cet escamotage dont toute la Législative fut solidaire, rendit plus facile le coup d'État du 2 décembre.

Le parti blanc se tourna encore vers le vainqueur espérant du moins conserver la haute main sur la direction de la politique à l'intérieur et à l'extérieur. Les choses allèrent assez bien pour lui pendant quelque temps, puis elles s'embrouillèrent à l'époque de la guerre de Crimée et tournèrent tout à fait mal par suite de la campagne d'Italie.

Depuis cette époque, les affaires du parti vont de mal en pis. Mais il a conservé encore toute son assurance. Ses journaux ont à peine baissé le ton. Il a renoué son alliance avec le parti noir et il se croit assez fort pour lutter tout à la fois contre la France de la Révolution et contre les tendances du gouvernement impérial. Il compte à l'intérieur des alliés dans les régions élevées. Ses alliés de l'extérieur sont l'empereur d'Autriche et le pape. Il espère toujours un peu en la Russie et même en l'Espagne, bien que le gouvernement de ce pays soit un gouvernement usurpateur, établi contre les droits de la légitimité. Il sait l'Angleterre protestante et libérale, malgré sa constitution fortement aristocratique et la légitimité non contestée de la maison d'Orange depuis l'extinction des Stuarts.

Tel est le parti blanc, passons maintenant à son allié, le parti noir.

## III

# Le Parti noir

On connaît les hauts faits de ce parti dans le passé. La Saint-Barthélemy, l'inquisition, les bûchers et les échafauds sont les chapitres sanglants de l'histoire du fanatisme religieux. Ecrasé par la Révolution, ce parti se releva sous Napoléon I<sup>er</sup> et tourna tout de suite ses efforts contre celui qui l'avait tiré de l'abjection.

Triomphant sous la Restauration, ce parti accéléra par ses exigences injustes, par ses prétentions effrontées, la ruine du pouvoir qui fut assez insensé pour suivre ses conseils.

Oublié sous Louis-Philippe, timide pendant quelques années, contenu dans des bornes étroites, ce parti se crut cependant assez fort pour relever son drapeau et pour poser de nouveau ses conditions. Il chercha tout d'abord à réveiller le fanatisme assoupi, à surexciter les passions religieuses, à raviver les anciennes haines de sectes, à semer la colère entre les peuples de croyances diverses. Dans les dernières élections qui eurent lieu sous Louis-Philippe, on vit des groupes d'électeurs se disant exclusivement catholiques et faisant marché de leurs voix en faveur de celui des candidats qui prendrait avec eux des engagements plus étroits. Après la révolution de 1848, le parti noir arbora les couleurs républicaines. Il eut ses candidats, les uns républicains ou prétendus tels, les autres royalistes, mais les uns et les autres promettant au parti noir leur appui.

Dans l'élection pour la présidence, le parti noir partagea ses votes entre les deux candidats qui avaient le plus de chances de réussite, se préparant ainsi un triomphe certain.

Il eut en effet quelques-uns de ses chefs parmi les conseillers du nouveau gouvernement. L'expédition de Rome mit le comble à sa joie, et M. de Montalembert ne craignit pas de dire en pleine tribune : « Je suis jésuite ! Ce que je demande, c'est l'expédition de Rome à l'intérieur. »

Mais le parti noir ne fut pas moins déçu dans ses espérances que le parti blanc. Il perdit peu à peu son influence sur la conduite des affaires publiques. La campagne d'Italie excita ses colères et il fit ouvertement des vœux pour les ennemis de la France.

Un journal célèbre par le cynisme de ses mensonges et de ses calomnies, un journal qui, sous le nom de l'*Univers*, servait de réceptacle à la bave de quelques misérables sans pudeur, ne cessa de prodiguer à l'Autriche ses encouragements et ses consolations et d'insulter si non l'armée française, celle du moins qui se montrait digne de combattre à ses côtés, l'armée piémontaise,

Le parti noir battit des mains à la paix de Villafranca, et put dès lors tourner toute sa rage contre la révolution italienne qui fit tout d'abord justice des lieutenants de l'Autriche, en Toscane, à Modène et à Parme. Mais lorsque les légations se furent affranchies du gouvernement des cardinaux, cette rage prit un caractère inouï d'intensité, et l'on put lire avec surprise dans les colonnes des journaux soit-disant catholiques des diatribes, des apostrophes, des outrages qu'une liberté de presse illimitée aurait pu seule expliquer.

Pourtant le parti noir eut encore quelques jours d'illusion. Ce fut lorsque M. de La Moricière, modifiant à la fois ses opinions et l'orthographe de son nom, déclara fièrement qu'il reprenait son épée pour défendre « les droits *méconnus* ou menacés du gouvernement papal. » Quelques bandes d'Irlandais trop paresseux pour gagner leur vie par le travail dans leur pays, quelques jeunes gens de famille élevés dans les idées d'un autre siècle, quelques descendants des anciens chouans et des anciens vendéens, se groupèrent autour de M. de La Moricière, et le parti noir crut sérieusement qu'il avait une armée. Tout cela s'est promptement fondu, comme une boule de neige sous un rayon de soleil, et le parti noir s'est retrouvé avec les seules armes qui ne lui fassent jamais défaut : le mensonge, la calomnie, l'influence occulte, les intrigues souterraines.

Certes, tout esprit de parti à part, on peut dire que jamais gouvernement n'eut de tâche plus facile à remplir que le gouvernement du pape, et il faut qu'il soit, non pas mauvais, mais horrible, insupportable, pour que les populations sur lesquelles il étend son empire aient seulement l'idée de s'en délivrer.

Comment ! ces populations sont catholiques et leur foi est robuste jusqu'à la naïveté ! Elles vénèrent dans leur roi le chef de leur religion, et cependant elles sont unanimes à repousser son gouvernement ! Les journaux noirs disent le contraire, mais la présence d'une armée française à Rome et d'une armée autrichienne dans les légations parlent plus haut que toutes les dénégations. Dès que les Autrichiens se sont retirés, la révolution a été faite dans les légations, et nul ne conteste qu'elle s'effectuerait à Rome le jour même où l'armée française ne serait plus là.

Bien évidemment il ne s'agit pas ici de croyances religieuses mais simplement de savoir si la théocratie a fait son temps, et si les peuples déshérités du contrat civil sur lequel les autres nations sont constituées n'ont pas le droit d'en établir un semblable.

Est-ce que depuis des milliers d'années, sous toutes les formes et dans tous les pays, l'expérience n'a pas condamné la forme théocratique du gouvernement? N'est-ce pas la théocratie musulmane qui a réduit l'empire turc à cet état de dégradation qui en fait le jouet et la risée de toutes les autres nations? N'est-ce pas la théocratie qui, au Japon comme en Chine, isole le peuple des autres peuples et le condamne à l'immobilité et au dépérissement? Le même arbre a porté par tout les mêmes fruits et partout on doit songer à le déraciner.

Oui ! le fanatisme religieux est une plaie sociale de tous les siècles et de tous les pays.

Idolâtres, païens, juifs, catholiques, protestants ne se sont-ils pas tour à tour massacrés, brûlés et pillés au nom d'une foi aveugle? Est-il besoin de remonter bien haut pour trouver, au sein même de notre Europe civilisée, des scènes à peu près pareilles à celles qui ont nécessité l'expédition en Syrie? En Espagne, les bûchers de l'Inquisition fument encore. En France, on se souvient de la Saint-Barthélemy. En Irlande, on se raconte les terribles persécutions contre les protestants, que ceux-ci ont rendues aux catholiques en Angleterre.

Tant que les religions ne seront pas devenues, dans tous les pays, ce qu'elles sont en France, de simples nuances d'opinion, n'ôtant et ne donnant ni droits exclusifs, ni priviléges odieux, n'infligeant ni réprobation humiliante, ni infériorité d'aucune sorte, le fanatisme exercera ses ravages.

Que la philosophie fasse donc enfin briller librement son flambeau aux yeux de ces peuples enivrés par des prédications insensées. Que ses vérités soient répandues librement et que sa voix s'élève au-dessus de toutes les voix du mensonge, alors le fanatisme disparaîtra de partout, comme en France, où les efforts tentés par des énergumènes sans vergogne n'ont pu le raviver.

Le parti noir et le parti blanc, qui affectent encore en France de faire bande à part, sont unis sous le même drapeau en Italie. Tous deux sont d'accord pour mettre sur la même ligne les droits du peuple et ceux de l'ex-roi de Naples et des ci-devant ducs. Ils professent très ouvertement ce principe : que les peuples ne s'appartiennent pas, mais qu'ils sont, par grâce divine, la propriété de leurs souverains.

Lorsque le roi de Naples quitta précipitamment sa capitale devant le héros de la révolution, les hommes des deux partis imaginèrent d'effrayer les monarques en leur représentant Naples comme étant devenue le foyer d'une agitation républicaine. Le télégraphe signala la présence à Naples de Ledru-Rollin et de Victor Hugo, qui ne s'en doutaient guère. Il nous apprit que Louis Blanc avait sollicité vainement l'autorisation d'établir des ateliers nationaux.

Tout cela n'était que mensonge, car les démocrates français savent bien que la France seule pourrait être assez puissante pour changer, si elle le voulait, les principes de gouvernement en Europe. Ils n'avaient donc rien à faire en Italie. Quant à Mazzini, ce grand patriote si calomnié, sa place était marquée au milieu de ces peuples qu'il avait soutenus pendant vingt ans de sa parole et auxquels il avait annoncé depuis longtemps l'heure de la délivrance.

Pour Mazzini, non plus, il ne s'agissait pas alors et il ne

s'agit pas aujourd'hui de l'application de ses principes politiques, mais seulement de l'affranchissement de sa patrie, de son réveil comme nation et de sa reconstitution sous le sceptre de Victor-Emmanuel.

Il n'y avait donc pas en Italie, quoiqu'en ait dit le télégraphe, de parti rouge. Il y a et il existe encore malheureusement un parti noir et un parti blanc, habiles à semer la discorde et le désordre, à surexciter les mauvaises passions, les mauvais instincts, les appétits grossiers, à exploiter l'ignorance et le fanatisme, ces plaies soigneusement entretenues dans le peuple par les dynasties déchues.

Ce sont ces partis qui cherchent à transformer les Calabres en une sorte de Vendée napolitaine, qui arment des fanatiques et des brigands, dignes émules de nos chouans et de nos Vendéens.

Leur but est de prolonger la lutte du Bourbon, d'exciter des désordres, d'allumer la guerre civile, d'alarmer les intérêts, de ruiner l'agriculture, l'industrie et le commerce, de semer partout la ruine et l'assassinat, afin de replacer sous le joug des populations qui n'ont pas encore appris à souffrir pour la conquête de leurs libertés.

## IV

## Conclusion

Les pages qu'on vient de lire étaient écrites depuis plus de deux mois, lorsque divers faits d'une importance extrême sont venus nous encourager à les publier, en nous permettant de leur donner une conclusion pratique. Ces faits sont : le décret du 24 décembre, le sénatus-consulte du 4 février, la prise de Gaëte et la brochure intitulée *la France, l'Italie et la Papauté*.

Notre but était de réclamer pour le parti démocratique plus de tolérance et d'égards qu'on ne lui en témoigne depuis longtemps. Cette revendication est plus nécessaire que jamais. Au moment où une plus large part est faite à la liberté de discussion, dans la presse et au sein des assemblées délibérantes; il est utile, il est indispensable que le parti démocratique oppose ses arguments à ceux des anciens partis.

Pour cela il ne faut pas que ses représentants se voient refuser systématiquement le droit de fonder des journaux en opposition avec ceux que les royalistes et les cléricaux ont établis en grand nombre à Paris et dans les départements.

Nous ne demandons pas la liberté d'attaquer les principes du gouvernement impérial, de préconiser une forme de gouvernement autre que celle qui est établie par la Constitution.

Mais nous réclamons le droit de préconiser, de défendre, d'exalter les hommes et les œuvres de la France de 1789.

Bien que nous y soyons souvent conviés, publiquement et secrètement, nous ne ferons jamais d'alliance ni de coalition avec le parti noir ou le parti blanc pour lesquels nous n'avons que haine et mépris.

Nous ne serons pas les hommes du gouvernement, mais nous ne lui ferons qu'une opposition franche et loyale, basée sur ses actes ou sur ses tendances. Nous l'exhorterons toujours à se souvenir de son origine populaire, à s'appuyer sur les principes de la révolution, à user de son influence pour l'affranchissement et la régénération des nations opprimées.

Le gouvernement impérial pourra trouver en nous des contradicteurs, mais à un jour donné il serait sûr d'y rencontrer des défenseurs énergiques. Supposons en effet que les clameurs et les intrigues du parti noir et du parti blanc réussissent à organiser contre l'Empire de nouvelles coalitions, alors comme en 1814, c'est dans les rangs démocratiques que se recruteraient les soldats de la France.

Nous ne saurions trop le répéter en effet, la République et l'Empire ne sont que deux expressions différentes d'une même chose : la France de la Révolution.

Le parti blanc et le parti noir qui ont recherché l'alliance de l'un et de l'autre tour à tour, pour les trahir tous les deux, leur sont des ennemis communs.

C'est en vain que les défenseurs du droit divin parleront de liberté aux démocrates. Ceux-ci doivent savoir que ce mot n'est qu'un leurre et un mensonge dans la bouche de ceux qui rêvent la ruine de toutes les libertés civiles et religieuses consacrées par la Révolution.

C'est en vain que le parti noir et le parti blanc s'age-
nouilleront devant le gouvernement, celui-ci doit-être con-
vaincu qu'il a affaire à des ennemis irréconciliables de son
principe.

C'est sous ce double aspect, selon nous, que toutes les
questions politiques doivent être envisagées. Dans les élections, il est bon que le gouvernement ait ses candidats et
que l'opposition démocratique ait aussi les siens, mais ni
l'un ni l'autre ne peuvent, sans manquer de prévoyance et
de logique, accepter en vue du succès l'appoint des voix ul-
tramontaines et royalistes et assurer ainsi les nominations
de ces gens, sans cocarde avouée, également prêts à crier :
Vive la République ou Vive l'Empire ! mais n'ayant au fond
du cœur qu'un sentiment vrai : la haine de la Révolution.

Jusqu'ici, le gouvernement impérial a suivi une marche
toute différente de celle qui nous paraît la plus conforme à
son origine et à ses véritables intérêts. Ses agents ont été
constamment d'une excessive sévérité envers tout ce qui pa-
raissait émaner du parti républicain et d'une complaisance
parfois aveugle envers tout ce qui touchait au parti blanc et
au parti noir.

Un jeune avocat écrit l'histoire de Saint-Just. On saisit
le livre. On poursuivit un petit journal littéraire qui avait
loué cette œuvre consciencieuse — sous prétexte que par-
lant de la Révolution de 92, il avait traité de matières politiques. L'amnistie qui vint couronner la campagne d'I-
talie en 1859 sauva seule l'auteur et le journaliste des
conséquences que ces poursuites devaient avoir.

Un journal ayant dit que « le pouvoir temporel était une
plaie toujours saignante aux flancs de la papauté » reçut
pour cela un avertissement. Le même journal publia un ar-
ticle sur M. Lamoricière. Il y était dit que ce général aurait
mieux fait, si l'inaction lui pesait, de reprendre son épée
pour faire la campagne d'Italie que de la mettre au service du
pape; qu'il aurait pu la laver ainsi du sang des guerres civiles; que si ce général allait, après son insuccès, visiter un
peuple libre, ce peuple s'attroupant autour de lui, comme
autour d'un autre Haynau pourrait s'écrier : « Voilà le gé-

» néral de l'inquisition, de la torture et des voleurs d'en-
» fants. »

Une note officielle fut communiquée au journal dans le but de flétrir ce qu'on qualifiait de blâme implicite contre les soldats qui avaient fait leur devoir dans les journées de juin et d'offense au pape.

Cependant des œuvres empreintes d'une actualité bien plus saisissante que l'*Histoire de Saint-Just* et écrites par des hommes du parti noir et du parti blanc n'ont été l'objet d'aucunes poursuites et les feuilles légitimistes et cléricales ont pu, sans être admonestées, insulter Victor—Emmanuel, traîner dans la fange le nom de Garibaldi et faire appel à une nouvelle coalition des armées étrangères contre la France.

Il est temps que de pareilles anomalies cessent tout à fait et si l'on veut que les journaux démocratiques puissent lutter d'influence avec les journaux du parti blanc et du parti noir, il faut qu'on renonce à imposer aux journalistes l'obligation d'une autorisation préalable, ou du moins qu'on ne la leur refuse pas systématiquement lorsqu'ils professent des idées démocratiques.

Alors, on ne parlera plus du parti rouge. Il n'y aura en France que deux grands partis, l'un, à la fois conservateur et progressif, celui du gouvernement, ayant le pouvoir, la force, la direction des affaires; l'autre, essentiellement démocratique, contenu par des lois sévères et n'ayant pour lui que le droit de discussion, d'élection et d'éligibité, tous deux ayant deux ennemis communs ou plutôt un seul, sous deux noms différents: le parti noir et le parti blanc.

Ces deux factions se trouvant étouffées alors entre le gouvernement et l'opposition disparaîtront bientôt, et la France, à jamais délivrée de cette plaie honteuse qui la ronge et l'affaiblit, pourra marcher librement désormais vers ses hautes et brillantes destinées, à l'ombre du glorieux drapeau qui a tant de fois conduit à la victoire les armées de la République et de l'Empire : le DRAPEAU NATIONAL.

Paris. — Imp. de G. Kugelmann, 13, rue Grange-Batelière.